JN440166

꽃인지 나비인지

텃밭시선

꽃인지 나비인지

정범효 시집

그루

시인의 말

황강의 절벽 위에 우뚝 선 함벽루는
내 정신의 서책書冊이었다.
옛글 속의 관수觀水라는 말씀을 깊이 새기며
구름이 풍류였고 달이 나의 법문이었다.
해맑은 아이들 웃음소리에
천지의 이치를 배웠고,
세상 밖에 나가 교육에 몸을 바쳤다.
'시는 그 사람과 같다'고 했던가
고향의 그 제비꽃과 뒷산 뻐꾸기에게
부끄럽지 않은 시이기를 빈다.

2023년 봄

정범효

차례

제2부 화엄사 홍매화

제3부 꽃인지 나비인지

제4부 함벽루

제5부 출타 중

제1부　사랑을 나르는 지게

망향탑*

청령포 높은 절벽
이끼 쌓인 돌탑 하나
한양을 바라보고 외롭게 서 있다

굽이굽이 천 리 먼 구중궁궐
고운 임 남겨두고
치솟은 기암절벽 굽이치는 동강에 갇혀

두견새 벗 삼고 관음송** 놀이터 삼아
긴긴 하루 외로움 달래려
하나, 둘 올려놓은 돌조각들

그리움 하나, 원망 둘
한숨 셋 올려놓고
눈물 대신 텅 빈 하늘 쳐다보며

해 지는 저쪽 어디, 보고픈 이 그렸으리
유배당한 몸 갈 수 없는 길

돌탑 쌓으며 한恨을 삭였으리

정순 왕후 흘린 눈물 한강이 되고
단종이 흘린 핏물 동강 되어
바다에서 다시 만나 뜨거운 포옹 나누었으리

* 청령포 뒤편 높은 곳에 단종이 한양을 바라보며 쌓은 돌탑
** 단종이 자주 걸터앉은, 두 가지로 뻗어있는 소나무

정령송精靈松*

영월 땅 장릉에
귀한 손님이 왔다

못 전한 사연
가득 안고

천 리 머나먼 곳에 고운 임 보내놓고
영월 하늘 바라보며
눈물 많이 흘렸으리

임 따르고 싶어도 같이할 수 없는
육십여 년 모진 고통

울다 울다 지쳐서
까맣게 타버린 가슴

복원되어 사릉으로 무덤은 커졌지만
쌓인 한恨 조금도 줄지 않고

흘린 눈물 다 모으면 큰 바다 이루었으리

정령송 이름 달고 장릉을 찾았지만
망향탑 쌓아가며 기다리던 임의 홍안
간 곳이 없고

꾹국~꾸국~ 꾹국~꾸국
산비둘기 한 마리 피를 토한다

*사릉(정순 왕후)에서 옮겨 와 장릉(단종) 앞에 심어 놓은 소나무

배 띄워라

두둥실 장회나루 배 띄워라
충주호 맑은 물에
이 가을 단풍물 붉어 좋은
어화 둥실 배 띄워라

구순 노모 모신 기쁨
덩실덩실 어깨춤 추고 지고
구담봉 옥순봉 돌고 돌아
둥실둥실 배 띄워라

골골이 패인 주름
세월을 이긴 흔적
곱던 얼굴 변했어도
자식 키운 보람일세

가녀린 어깨에 줄줄이 자란 자식
어머님 등에 업고 춤 한번 추어보자
두둥실 배 띄우고 풍악 울려라

울 엄마 둥실둥실 어깨춤 추게

사랑을 나르는 지게

옛날,
우리 아버지 지게는
사랑을 나르는 지게였다

산에,
나무하러 가시면
예쁜 진달래 가득 지고
노랑나비를 함께 데리고 왔다

밭두렁 논두렁 밟고
소 몰고 일하러 가실 때에도
빈 지게에 날 태우고
두둥실 구름 속 헤매게 했다

아버지 힘든 어깨는 생각도 않고
지게 위에 올라타고선
흔들흔들
마냥 즐거워만 했던 철부지

시장에 미나리 내다 팔고
노을 무렵 집으로 돌아오실 때
늘상 지게 뒤에 꽁치 몇 마리
달랑달랑 달고 오셨다

옛날
우리 아버지 지게는
사랑을 나르는 지게였다

그는 웃고 있었다

포장마차
좁은 공간

30년, 40년,
50년 전 옛이야기 나누며

그때 그날처럼
우린 웃고 있었다

시한부, 그 마지막 달에
술 한잔 앞에 놓고 그는 웃고 있었다

친구 결혼식 날 고주망태 되어
실수했던 이야기

부인에게 씻을 수 없는 잘못을
저질러놓고도 큰소리쳤다는

철없던 지난 일들을 주고받으며
우린 그저 웃고 있었다

허 허 허 어쩌면 이 자리가
마지막일 수도 있는데……

연명 치료는 하지 말고
화장하여 부모님 무덤 위에 뿌려 달랬다며

그는, 저무는 서쪽 노을을
끝없이 바라만 보고 있었다

그녀

있는 듯 없는 듯
보일 듯 말 듯

동양화 한 폭
화선지에 그리는 듯

그 물그림자
여릿여릿 보름달로 그려 놓고

돌아설 듯 쳐다보는
그 발목의 여백

가물가물
보일 듯 말 듯

물소리 새소리
내 마음 치고 가는

외로운
돛단배 하나

보일 듯 말 듯
있는 듯 없는 듯

면허증

가르마 고랑 사이
할미꽃 핀 하얀 할머니
톡, 톡, 톡, 세 발 자동차를 몬다

뒤뚱뒤뚱
운전이 불안한 늙은 몸
힘겹게 노란 선 물고 간다

병아리 물 먹듯 하늘 한 번 쳐다보고
등 세 번 두드리곤
또, 끌고 간다

빨간 신호등 켜진 줄도 모르고
관절마다 삐걱삐걱
소리통 달고 간다

새끼들 집집마다
태워주느라

몸체는 낡아 등골은 흔들리는데,

앉을 때도 일어설 때도,
'아야야'
시동 꺼지는 소리 절로 따라 나온다

비 예보라면
고기압도 저기압도 다 겪은,
오보 한 번 없는 할머니

평생 몰고 다닌 대가로,
폐차 직전 달랑,
일기 예보 면허증 하나 땄다

우연

선아!
아버진 앞만 보고 걷는 황소처럼
뚜벅뚜벅 목표를 향해 가시는 분이셨어
내가 태어나기 전날
어둠을 가르며 아홉살재를 넘고 황강을 건너
멀리 고령장에 오징어를 사러 가셨대

오징어 한 짐이 얼마나 무거웠을까
어깨를 누르는 그 고통 힘들었겠지만
돈 된다는 생각에 휘파람 불었단다

발바닥엔 밤톨만 한 물집 생기고 등엔 피멍이 들었지만
길도 잘 보이지 않는 어둠 뚫고, 그날 늦게 집에 오셨지
그 순간 어머니는 산통을 느끼셨고 새벽에 내가 태어난 거야

선아!
구십삼세 되던 해, 내 생일 다음 날 아버지는 돌아가셨어
난 비보를 듣고, 오징어 짐을 지고 가셨던 그 길을

눈물을 뿌리며 승용차로 넘어간 거야

새벽 세 시 내가 태어난 그 시에 아버지가 돌아가신 거지
그래서 내 생일이 아버지 제삿날이야
이상한 우연도 다 있지

그 아버지 건넌 황강의 나룻배는 사라졌지만
길 따라 달맞이꽃은 지천으로 피었고,
어디에도 그리운 그 모습 찾을 길 없어
선아! 흘러가는 구름만 하염없이 바라만 본다

하얀 지팡이를 든 그녀

하얀 지팡이 검은 안경,
시선의 초점은
파란 하늘에 떠 있는 구름

볼 순 없지만, 보이진 않지만
무한한 상상의 날개 펴고
천상의 소리에 귀 기울일 그녀

아름다운 장미보다
향기 진한
박주가리꽃을 좋아하고

외모보다
내면의 아름다움을
더 추구할 그녀

한들거리는 코스모스에
빨간 잠자리 날고

오색 단풍 가을은 못 봐도

귀 기울여,
소리를 좇는
따뜻한 가슴의 그녀

해 지는 노을에 멍든 가슴 묻어 놓고
흰 구름 떠가는 하늘만
점자처럼 말없이 더듬고 있다

반납

우리 어머니는
증, 증, 증도 많답니다

오 남매를 키우랴, 농사일 도우랴
일만 하시던 울 어머니

맛있는 음식은 자식 다 주고
당신은 거친 음식만 드셨습니다

삼복더위에도 땀띠 난다며
날 가슴에 안고 디딜방아 찧었다는 어머니는

주민등록증 외에도 골다공증과
일기 예보 면허증 더 지니고 계십니다

요양병원 누워선, 큰애 작은애
돌아가며 천장에 얼굴 그린다는 울 엄마

코로나로 면회도 가질 못하고
전화 한 통 드리는 게 전부랍니다

금이야 옥이야 길러주셨건만
전화 한 통이, 달랑, 전부랍니다

사랑의 흔들다리

흔들흔들 사랑이
이루어지려나

이 다리를 함께 걸으면
아름다운 사랑이 이루어지려나

곳곳에 매달아 놓은
사랑의 열쇠

수천수만 생
쌓은 그 인연

칠월 칠석 오작교처럼
위천*으로 끊어진 두 언덕 이어주는 다리에

세 발足이 된 백발白髮 부부
사랑교를 건다 말고

허허허 붉게 물든
서쪽 하늘 멍하니 바라본다

*군위군을 가로지르는 하천

내가 걷는 이 길 끝에는

졸졸졸 실개천의 끝에는
파란 바다가 펼쳐지듯
내가 걷는 이 길 끝에는 당신이 있습니다

전기도 없는 벽촌에 신혼살림 차려놓고
몸 고생 마음고생 모두 시킨 나였지만
내가 걷는 이 길의 끝에는 당신이 있습니다

분재를 취미라고 연년생 맡겨 놓고
시시때때 집을 비운 나였지만
내가 걷는 이 길 끝에는 당신이 있습니다

남은 생이 얼마인진 몰라도
우리가 손잡고 걸어가는 그 길은
무지개가 펼쳐지고 아름다운 꽃들이 만발할 것입니다

제2부 화엄사 홍매화

화엄사 홍매화

물 한 모금
공기 한 줌
알뜰히도 끌어모아

일 년도 아닌
삼백여 년을
무주상보시 하는 저 모습

가진 것 모두를
아낌없이 내어 주는
허리 굽은 울 엄마를 너무나 닮아있다

아침 예불 범종 소리
꽃잎에 담고
법당의 염불 소리 향낭에 담아

폭설은 폭설대로
바람 불면 부는 대로
한자리 가부좌 틀고 고행 중

가지마다 꾸불꾸불
편하게 뻗은 가지 하나 없는
화엄사 홍매화

송이송이 꽃잎마다
팔만 사천 법문 담아
야단법석 펼치건만,

법문은 듣지 않고
장륙화니 흑매화니
무지한 중생들은 꽃 타령만 하는구나

만휴晚休

그곳에
살고 싶어라

맑은 물 폭포 되어 흐르고
산새들 노래하는 곳

오랜 벗들 함께 불러 시담詩談을 나누면서
농주라도 한 잔 나누고 싶어라

물가 너럭바위에
바둑판 하나 펼쳐놓고

해가 지면 어떠랴
달이 뜨면 어떠랴

보백당 김계행 선생*처럼
솔향 가득한 곳에
만휴정 지어 놓고

흰 구름 둘러 끼고
티 없는 자연을 노래하고 싶어라

*안동인으로 대사간 등 관직을 두루 거치다 낙향하여 만휴정을 지어 놓고 후학들을 가르침

오어사

운제산
물안개 깊은 기암절벽 아래
염불 소리 오어사

원효 대사
혜공 선사
장난도 심하시지

법력으로 되살아난
물고기 한 마린
물속으로 헤엄쳐 사라졌는데,

내 것
네 것
다투어 본들 무슨 소용 있으리

뎅그렁 풍경 소리 은은도 한데,
오어지池 맑은 물은 수유칠덕水有七德 설하시고
오어사 부도탑은 무상을 설하신다

선암사 가는 길

선암사 가는 길가에
뿌리 뽑힌 거목 하나
공空을 설하며 누워만 계신다

수백 년 잎 피우며,
쉼터 되고 땀도 식혀 주더니,
지금은 길가 외진 곳 와불臥佛로 누우셨다

육신은 밟히고 먹혀도
꿈적도 하지 않는
그 천년의 묵상默想

이 아침, 양로원 침대에 누워 계신
그 백발의 어미처럼,
하늘 향해 모로 누워서

중얼중얼 무상을 설하고 또 설하건만
귀한 법문
듣는 이 하나 없구나

경주 남산

남산의 깊이는 저 태양만이 알겠네

천년을 이어온 아득한 신라의 미소

용장사지 삼층 석탑 돌 때마다

허공에 번지던 그 무심 삼매

부처골 그 감실 부처는

달빛 속에서 아직도 염불을 하실까

바위에서 들리던 칠불암 부처님들

그 아득한 법문은 바람 소리였네

세상 밖 못난 중생들 네 탓 내 탓

싸움질만 하는데,

냉골 내려오다 본 목 없는 부처는

여전히 범소유상凡所有相 개시허망皆是虛妄* 하시겠네

*존재하는 상(相)은 모두 허망한 것이다.

못난이 돌탑 하나

모야!
도야!

어른들 모여 앉아
윷놀이하던 그곳에

작은 돌로 쌓아 만든
동구 밖 못난이 돌탑 하나

윷 한 번 나오면 돌 하나 올리고
모 한 번 나오면 돌 둘 올리고

건강 빌며 돌 하나
행복 빌며 돌 둘 기분 좋아 돌 셋

그 옛날 학산*을 쩡쩡 울리던 그 소린
산새들 쉼터 된 지 오래이고,

지금은 삐뚤빼뚤 쌓아 만든 못난이 돌탑만 남아

노을 따라 가버린 옛사람만 추억한다

*대구시 달서구에 있는 작은 산

마음 닦기

제멋대로 자란 나무에
칼날을 댄다

죽은 가지 먼저
안으로 자란 가지 치고
겹친 가지, 웃자란 가지
못난 가지를 잘라내듯

마음속
탐심貪心
진심嗔心
치심痴心을 잘라낸다

파랑새가 마음 한 곳에
아름다운 둥지를 틀 때까지
못난 가지들을
자르고 또 잘라내지만

무디어지는 화두의 칼날 앞에

꿈틀꿈틀 되살아나는
나의 못난이들

오늘도 화두의 칼날을
갈고 또 간다

도리사 가는 길

꼬불꼬불 솔 향기 따라

화엄을 찾아가는 그 산사

나보다 먼저 도화가 피어

도리사 풍경에 매달려 있다

나무아미타불 백팔 염주

돌리고 또 돌리며 아도 화상 걸었을 길

밖에도 길 있고, 안에도 길 있다는데,

계곡 물소리 따라 들어가면 법문이 들릴까

아도 화상 뿌려놓은 불심의 씨앗

적멸보궁에 삼배 올린다

토함산 석굴암

바위 속에서 부처님 법문 소리가 났다

공空도 아니고 색色도 아닌,

온 적 없으니 간 적도 없다던 큰 말씀이 들렸다

번뇌를 깎고 고해를 다듬어

때 묻고 이끼 낀 천년 바위 속에서

그 아침, 어둠 뚫고 환하게 태어나셨다

덕풍계곡*

옛 신선이 노닐었나
구름이 거꾸로 처박혔나

깎아지른 천 길 계곡에
높고 낮은 폭포 만들어
곳곳에 숨겨둔 선녀탕

금도끼 옥도끼도 아닌
물로만 빚어 놓은 비경에

기암괴석과 어우러진
노송의 그림자 용소에 드리우고
버들치, 산천어 유영하는 곳

천년 바람은 신선대 위에 앉아
대금을 불고, 물소리 새소리 흥을 풀면,

묻어온 세속 번뇌 다 씻기게
벗과 더불어

저 선녀탕에라도 첨벙 뛰어나 들까

*강원도 삼척시 응봉산 북서쪽 아래에 있는 계곡

그림자

운동화 끈 묶는데
그도 따라 묶는다

육십 평생 같이했으면 지겨우련만
오늘도 또 따라나선다

내 속마음 다 알면서 말 한마디 없고
묵묵히 지켜만 보는 그

'정신 차려'
한마디 할 만도 한데,

다칠까 잘못될까
따라만 다닌다

어떤 하소연도 듣기만 하더니
어느 날 갑자기 들려주는 말

아상我相을 버리고

물처럼 바람처럼, 살다가 가란다

큰 꿈

어두운 돌 틈 사이를
흐르기만 했다

좌절은 드러내지 않고
오로지 희망을 품고

묵묵히
흐르기만 했다

강으로 바다로 가기 전에
잠깐 얼굴 내밀어 오금석수* 만들고

실개천, 폭포, 호수,
이름을 바꾸어가며

바다라는 큰 꿈을 향해
자아를 찾아 흐르기만 했다

* 경북 고령군 쌍림면 신곡리에 전설을 품고 있는 옹달샘

제3부 꽃인지 나비인지

청미래덩굴

빨강, 노랑 다 놓아두고
연두색 꽃 몇 송이 달고

수수한 꽃향기 아무도
없는 외진 곳에 핀

뿌리는 삐뚤삐뚤
가지엔 뾰족한 가시만 달았다

아낌없이 주기만 하는
울 엄마처럼

당신 몸은 조금도
꾸미지 않으면서

열매만은 예쁘게 예쁘게
빨간 옷 입혀놓았다

효도는 계산서에
적어 넣지도 않고

주렁주렁 자식 자랑
탐스럽게 키워 놓았다

꽃인지 나비인지

노랑나비 한 마리
봄 허공 스치듯 날아갑니다

말없이 한참을
따라갔더니,

노오란 양지꽃에 앉아
나풀나풀 손짓합니다

오라는지, 가라는지
아지랑이랑 한참을 지켜봅니다

나비도 양지꽃도
무슨 말을 속삭이는지

어깨 들썩이며
키득키득 웃기만 합니다

꽃인지
나비인지

나도 따라
키득키득 웃어봅니다

새삼

한겨울에도 좌판에 앉아
오직 하나 자식 위해
꽃만 피웠다

입을 것
먹을 것
허리띠 졸라매고

등줄기가 휘어도
폭설에 묻혀도
자식 입만 바라보며

시장통
욕쟁이
그 할머니같이

새삼*은
억척스럽게

한 가지 꽃만 피웠다

*기생식물

보청기

뭐라꼬!

가야산 노을에 귀 대고
한참 듣는다

나의 무지함에
딱따구리 염불하며
날아왔다

번지는 저 불이
다 화엄인 기라!

나
원
참,

귓구멍이 막혔나
지저귀더니,

해인사 쪽으로 훅
날아가 버린다

자미화

간질간질 간지럼나무
천년을 백일홍으로 살아왔지만

어느 날 작은 풀꽃에게
그 이름 내어 주고

못다 이룬 애틋한 사랑
전설로 간직한 채

배롱나무, 간지럼, 자미화
이름도 가지가지

억울하게 뺏긴 이름
찾아 주는 이 하나 없고

무덤가 외딴곳에
오늘도 꽃을 피웠다

백일 동안 피고 지고
힘에 겨웠나

세 번으로 나누어
백일을 채웠구나

찰나의 보석

변함없는 바다
해 품은 바다를 내려다보는 그는

외딴섬 깎아지른 절벽 위
바다 향한 가지 위에 살고 있다

새벽에 태어나
해 뜨면 허무하게 사라져야만 하는 운명

부여잡은 손 놓지는 못하면서
바다처럼 영생만 얻고 싶은지

바다가 그리워
밤을 지새운다

움켜쥔 손
놓아버리면

내가 바로 바다란 걸
아는지 모르는지

조개풀꽃

잎이 조개를 닮아
조개풀이 되었네

작지만 한들거리는
하얀 꽃 피웠는데
벌 나비 거들떠보지도 않고

멋도 한번 내었건만
꽃이 못나 눈길
한 번 받지 못하고

그 모습 그대로
바람 불면 부는 대로
물결 일면 이는 대로

낮아서 더욱 좋은 조개풀꽃
어렵고 어렵게 가진 씨앗
대자연에 맡겨 놓고

탐욕 없이 사는
그 모습 곱기도 해라

소원목

한 달, 두 달,
십 년, 백 년

쌓이고 쌓인 정이
사랑으로 변하여

돌배와 느티는
연리목이 되었다

청실홍실 이어진 소원목*으로
그 명성 자자하더니,

천년만년 함께하고픈
선남선녀 줄을 잇고

저마다 사연 담은
노란 소원지가

연리목을 감싼 무채색 돌담길을
노랗게 노랗게 물들여 놓았다

*대구 달성군 벽화마을에 있는 연리목(느티나무와 돌배나무)

설렘

는개가 방울방울 걸어간 자리
뾰족뾰족 새싹이 돋아 나왔다

개나리를 닮은 노란 꽃
장미 닮은 빨간 꽃을 꿈꾸며

태명으론 쏙쏙이, 콩콩이 만들어 놓고
아롱아롱 기다리는 신혼부부처럼

연초록 가지마다 꽃망울
수줍은 듯 얼굴 살짝 내민다

달콤한 꿀과 향
깊숙이 감추고

언덕 위에 피어오를
아지랑이 소식만 기다리고 있다

탑

태곳적 불과 맞선
뜨거운 열정

밤마다 독경 소리
별들과 나누었으리

어둠을 가슴에 품고
법당 앞 홀로 좌정하였다

그 달빛 그림자 속에

번뇌가 녹아 있고
욕망이 꿈틀거렸으리라

지금은 화두話頭 잡고
묵언 수행 중

허허

자기가 진짜인 듯

보호수 표지석 옆에
당당하게 서 있는 가죽假竹나무

보호수 왕버들은
먼발치에 말없이 서 있는데

하룻강아지
범 무서운 줄 모른다더니

길어 봐야 사오 년도 못 산 것이
수백 년 왕버들 가로막고 서 있다

온갖 풍상 다 겪으며 버티어온 세월
가지마다 그 흔적 파이고 파인 상처

흘러가는 구름에 그 고통 묻어 놓고

앞에 서 있는 젊음을 물끄러미 바라만 본다

팰구나무

외할머니를 닮은
허리 굽은 팰구나무*

모진 삶 살아오신 외할머니같이
구불구불 자란 가지

보고 들은 이야기 다 털어놓으면
몇 밤을 지새우련만

새가 가지에 둥지를 틀고
이끼가 온몸 덮치고 또 덮쳐 와도

그저 보기만 할 뿐
그저 듣기만 할 뿐

누구를 기다리는지, 무심한
허공에 길을 내고 있다

* 팽나무의 방언

제4부 함벽루

해바라기

따뜻한 양지쪽에
옹기종기 모여 앉아

해바라기하는
까까머리 아이들

고무얼음 타다가
신발 젖고 옷 젖어
집에도 가지 못한 채

덜덜덜 파란 입술 떨어 가면서
구름 속 들어간 해님을
기다리며 부르던 노래

해야 해야 나오너라
장구 치며 나오너라……

불러도 불러도 해는 나오지 않고

집에는 가야 되는데,
집에는 가야 하는데,

호 호 두 손 비벼
귓불 만지면서, 귓불 비비면서……

후회

새벽닭 울음소리를 알람 삼아
도깨비 출몰한다는 박골재*를
아버지는 지고, 어머니는 이고 넘으셨단다

삼십 리 길 합천장에 미나리 짐 내려놓고
청정 미나리 알리겠다며
생미나리를 질금질금 씹어 보였다는
무용담을 들려주시던 우리 아버지

돌아오는 길,
막걸리 한잔 생각이 나도
자식들이 눈에 밟혀
술 대신 생선 몇 마리 사 들고 오신

당신은 그토록 힘들게 사시면서
자식들 일 배우면 농군 된다며
농사일은 죽어도 못 하게 하신 아버지

그것을 알 나이 되어 뒤돌아보니
아버지는 그곳에 계시지 않고
후회의 눈물방울 한恨이 되어
내 가슴에 차곡차곡 쌓여만 간다

*경남 합천군 초계면 택리에서 합천을 잇는 작은 고갯길로 이순신 장군의 백의종군로이기도 함

추억의 엿장수

척~척척척
엿장수 마음대로
추억의 그 가위질 소리

넉넉한 웃음 가득 머금고
이끼 낀 돌담을 따라
마을을 한 바퀴 돌면

구멍 난 냄비, 녹슨 쇳조각
헌 고무신에 부러진 숟가락까지
가지가지 사연 안고 달려 나온다

처억척,
여~엇,
엿장수의 그 정겨운 소리

구수한 할아버지의
이야기 더해지며

비어가는 엿판에 쌓이는 사연들

귀 쫑긋 혀 쫑긋
붕어 입처럼 두 눈만 껌벅이던
동그란 맑은 눈의 조무래기 동무들

눈 감으면 보이는 그 하회탈 웃음도
정겹던 돌담과 함께
동심을 가득 안고 붉은 노을 속으로 사라져 갔다

소리 없는 외침

어머니와 손잡고 넘던 고갯마루에
한恨 많은 돌무덤 하나

그 울분 그 분노 안으로 삭인
민초의 모습처럼
수북이 쌓인 거대한 흔적

일제의 만행으로 잘려 나간 산허리에
지맥을 잇기 위해 넘어가며 산돌 세 개
넘어오며 들돌 세 개

어릴 때 영문도 모르고 내가 던진 그 작은 돌이
힘없는 민초들의 소리 없는 외침이요
끊어진 지맥을 이어주는 의미였다니

길지마다 맥脈 자르고
쇠말뚝 박고
그들은 무엇이 그리도 두려웠을까

도깨비가 나오고, 여우가 출몰한다던 박골재
일제의 만행이 여기까지 이르렀으니,
나라 잃은 백성들의 고충이야 오죽했을까

다라국*

황금 칼의 주인공과
아름다운 여인들은

배우지도 않았고
역사책에도 없었다

그런데 칠흑같이 어두운 고분 속에
천 년이 넘게 살아 있었다

옥전玉田이란 이름 그대로
곱고 화려하게 살아 있었다

로만 글라스는
놀라운 해양 무역의 흔적

성산 토성과 갑옷은
7가야 다라국의 국력을 상기시켰다

오! 황금 칼의 나라
그는 우리 곁에 말없이 잠들어 있었다

*경남 합천군 쌍책면에 위치한, 삼국시대 7가야 중 하나

짚신도 신이제

옹기종기 모여 앉아
각시풀*로 신랑 신부 만들어 놓고
소꿉놀이하다가

엿장수 가위 소리에
숨겨둔 헌 고무신,
녹슨 쇳조각 들고들 달려 나갔다

철부지 꼬맹이는 영문도 모르고
댓돌 위 짚신 들고 따라가서는
헌 짚신 높이 들고
할아버질 쳐다만 보는데

'그래 짚신도 신이제' 하며
엿 한 덩이 뚝 잘라 주셨다는
전설 같은 아름다운 이야기가
아직도 고향 하늘을 떠돌고 있는데

배고파 훔쳐 먹은 빵 한 조각도
용서하지 못하는 각박한 세상
그 옛날 어른들 넉넉한 품이 그리운

살구꽃 핀 마을에
돌담길 따라 몽글몽글 피어나던
고향 풍경 그 추억 그리워진다

*가는잎그늘사초

가슴이 답답한 날이면

영아!
비에 젖은 낙엽처럼
가슴이 답답한 날이면
고향을 한번 찾아가 보렴

풀피리 꺾어 불며
각시풀로 신랑 각시 만들어 놓고
소꿉놀이하던 그때로 돌아가 보렴

영아!
그 까까머리 동무들은 없을지라도
뒷산 울어 대던 참매미 소리와
그 새벽 닭 울음소리 들리지 않겠니

모깃불 피워놓고
대나무 평상에 양팔 벌려 드러누워
밤하늘 별들을 헤아리던,
그 옛날 네 별 찾아가 보렴

아, 이제는 논두렁 그 너머
뻐꾸기 소리만 빈 숲을 적시는 마을
영아! 우리 또 한 번
보름달 환한 그 고향 논두렁 위에서
청개구리 울음소리 밤새워 듣지 않겠니

그리운 댁말*

하얀 박꽃
피어있는
초가지붕 앞마당

도란도란 모여 앉아
구슬치기, 딱지치기
갖가지 이야기로 시끌벅적하던 그곳

동녘에 두둥실 보름달 뜨면
대장 놀이, 말뚝박기, 술래잡기하며 놀던
마을 앞 작은 공터

모두 새마을 사업으로 사라지고
마을에 처음 전깃불 켜던 밤
뒷산 보름달은 스위치를 껐다

머리에 흰 서리가 가득 내린 지금
소 먹이던 민둥산이

박꽃 피던 그 작은 초가와
어두운 시골 밤이,

왜!
그리도
그리워질까?

*경남 합천군 초계면 택리의 옛 지명

연호사

연호사* 범종 소리 물안개에 스며들고
스님들의 염불 소리 더 높아질 때마다

고타소랑**, 죽죽 장군*** 피눈물 씻겨지고
핏빛으로 물든 황강 푸르름이 더해진다

아직도 달빛 속엔, 절개 지키며 산화한
영혼들의 아우성 남아있는데

벚꽃 아래 울긋불긋 상춘객은
그때의 상흔을 아는지 모르는지

떨어지는 꽃잎들을
두 손으로 받으며

얼굴 가득 꽃 피어
웃고 있구나

*합천 대야성 전투에서 전사한 원혼들을 달래주는 원찰, 황강 가에 있음
**대야성 성주 김품석의 부인이면서 김춘추의 딸
***신라의 장군으로 대야성을 끝까지 사수하다 장렬하게 전사한 충신

함벽루

연호사 물그림자
강물 위에 어리고

황우산 휘감는 성긴 풍경 소리
은은하게 들려오면

푸르름 젖어 드는 함벽루엔
시인 묵객이 흥을 더한다

원찰 옆에 두고 음주 가무야 되겠냐만
서산 물드는 노을의 유혹엔 어쩔 수 없었으리

촉석루도, 영남루도 없던 그 시절
영남 제일경 함벽루!

이황, 남명, 송시열, 교은*
일필휘지하던 달빛 취한 누각

비 온 뒤 처마 낙수 강에 떨어지는 그 비경
쪽배 타고 노니는 듯 황홀하여라

오호, 어찌 그 밤 시 한 수
없었겠는가!

* 정이오(鄭以吾, 1347~1434) : 晋州人. 자는 수가, 시호는 문정이며 조선 초기 문인 으로 예문관 대제학 등을 지냈고 '태조실록, 사서절요' 편찬에 참여하였으며 조선에 맞는 장례를 규정한 '장일통요' 등을 찬술하였다.

지팡이

할아버지는 울고 계셨다

반월당 승강장에서 만나신 분
머리는 희고 지팡이를 짚으셨다

오늘 병원에서 치매 판정 받았다며
눈가 축축이 할아버지 울고 계셨다

함께하던 친구들도
아름다운 추억들도

모두 지워지게 되었다며
하늘 보며 울고 계셨다

돈과 명예만 좇아다니며
자신과 가족들은 돌보지도 않고

아까운 시간들을 흘려보냈다며

가슴 치며 후회하고 계셨다

조금 더 빨리 깨치지 못한 채
욕심 부리고 성내며 어리석게만 살아왔다며

할아버지는 고개 들어
어둠이 오는 그 붉은 노을빛을
하염없이 바라보셨다

가을이 오는가 보다

뭉게구름 위에 파란 하늘 위에
팽팽하게 당겨진 낮달을 타고
가을이 오는가 보다

오뉴월 엿가락처럼
힘없이 늘어졌던 나뭇잎 사이
뻐꾸기 울음소리에 놀라 꽃 피웠던 감꽃 따라
가을이 오는가 보다

한들거리는 코스모스 오솔길을 장식하고
빨간 잠자리 몇 마리
수채화를 그리는 것을 보면
가을이 오는가 보다

잘 익은 감 홍시
한옥 뒤에 숨어 있고,
황금 들녘에 허수아비 춤출
그렇게 아름다운 가을이 오는가 보다

제5부 출타 중

위안부

별을 주워 먹으며
끝까지, 끝까지
연보라 고운 나팔꽃 곱게 피웠다

죽더라도 하늘을 움직여야 했다
버려져 관심도 받지 못한 채,

어떻게 왔는지, 어디로 가는지
낯선 일본 땅에서, 필리핀 군도에서
아득한 밤 별만 쳐다보아야 했다

기댈 풀 한 포기도 없는 곳에서
힘겹게 한 잎 두 잎 갉아 먹힌
그 지옥의 일제 만행

매주 수요일, 눈이 오나 비가 오나
27년 외쳐 봐도 가해자는 꿈쩍도 않고
돌아오는 건 공허한 망언뿐

남은 날 얼마일진 몰라도
부디, 나팔꽃처럼 감고 올라
아름답게 피어나소서!

출타 중

지팡이가 줄줄이
입장을 한다

기역 자로 굽어버린 회색빛 그림자
질긴 소고기는 우물우물 삼키시려나

달 밝은 날 몰래 만나던 그 사랑은
무정케도 산엘 먼저 가 버렸고

아들딸은 부산으로 서울로
잘 키워놓았는데

꼬부랑 할머니를 지키는 건
빤질빤질 지팡이뿐

밤마다 읊조리던 신세타령은
한 토막 노래가 되고

곰팡이 냄새 역겹지만
추억 담긴 앨범과 씨름을 한다

꼬깃꼬깃
쌈짓돈 털어

한우 한 번 드시겠다고
동네 할매들 지금, 출타 중

선지식

코로나19는
백척간두 지구촌을
구하러 온 선지식이었나

온 세상을 날아다니며
연기의 심오한 철학 일깨워 주고

조각조각 분열되는 오대양 육대주를
백신 하나로 뭉쳐 가고 있다

흰색도 검은색도, 잘난 사람 못난 사람
모두에게 평등하고

화를 부르는 입
마스크로 막아 놓았다

녹색 공기의 고마움을,
매일같이 만나던 친구들의 소중함을,

그리고 늦은 시간 밤하늘의 아름다움을
그는 하나하나 느끼게 하지 않는가

코로나19는
악마의 화신이 아니라
암울한 지구촌을 구하러 온 선지식이었다

죽서루

오십천 푸른 물결
죽서루 휘어 감고

저녁놀 붉은 기운
그 누각을 감싼다

바위 모양 그대로
우뚝우뚝 기둥 놓아

모양을 달리한
풍류의 죽서루

선비들의 시문詩文 소린
누마루에 잠들고

명기들의 노랫소리
회화나무에 걸렸는데,

죽서루 그 명성
더할 때마다

몸종들의 한숨 소린
댓돌 아래 쪼그려 더 깊어졌겠다

당 디당 다당

가락 좋고, 춤 좋고

가야금 살짝 무릎에 올려
까만 속눈썹 아래로 깔고
여인의 섬섬옥수 열두 줄을 스치면

당 디당 다당

어깨 한 번 치켜올려 하늘 한 번 쳐다보고
가볍게 한 발 들어,
긴 소매 허공을 가를 때

솔바람에 실려
텅 빈 내 가슴 울리며
휘어 감는 가야금

청아한 그 떨림
분홍색 유혹에

근심 걱정 구름 속 사라지고

당 디당 다당
흥겨운 리듬에
어깨춤 덩실덩실

소원 하나

달 밝은 날 밤
바닷가 모래밭에 둘러앉아
옛 추억 되씹으며 기타 치며 놀아보자

빠른 스텝이 힘이 들면
둥실둥실 어깨춤이라도
신나게 추어보고

손뼉 치고 노래하며
둥글게, 둥글게 모여 앉아
타오르는 모닥불처럼 열정 다해 놀아보자

신나는 노래도 한번 불러보고
무릎 좀 아프면 앉아서 쉬고
목이 아프면 박수라도 치면서 우리 함께 놀아보자

해가 진다고 같이 질 수야 있겠느냐
보름달이 지고 나면 모닥불에 의지하고

기타 줄이 끊어지면 파도에 맞추어 노래 부르며

그날처럼
우리 함께
얼싸절싸 놀아보자

독도

그 옛날,
푸른 물결 헤치고 힘차게 솟아올라
우산국으로 한반도의 막내가 되었습니다.

우산도, 삼봉도, 가지도, 석도
이렇게 고운 이름 붙여가면서
금이야 옥이야 사랑받는 막내가 되었습니다.

억새와 산조풀로 돌섬을 장식하고
섬시호, 큰두루미꽃 지켜 가면서
꿋꿋하게 막내로 자랐습니다.

떠오르는 붉은 햇덩이를 가슴으로 맞이하며
닭바위, 가제바위, 토닥토닥 달래가면서
긴긴 외로움 달랬겠지요.

금쪽같은
대한의 막내!

노오란 섬기린초 만발한

그림 같은 섬으로

천년만년 대한의 아침 해를 맞이하소서

콜록콜록

수선화 핀 그 속에
앉은 그녀 탓이다

여기도 콜록
저기도 콜록

봄 속을 헤엄쳐 다니는
향기처럼

코로나 붉은 물에
퐁당 빠진 탓이다

약한 곳을 찾으며
꽃잎 주위를 헤엄쳐 다닐
뿔 달린 미생물들

수선화 핀 그 속에
앉은 그녀 탓이다

봄 방송엔 확진자가
줄고 있다는데

멍하니 허공만 바라보는
아지랑이 같은 사람들

콜록콜록
콜록콜록

첩채산

시인 묵객들 무수히 오르내리며
선계를 노래했을 첩채산*에 올랐다

날개 가진 것들만 오를 수 있다는
삼만 개의 돌산들

수줍은 듯 안개 뒤에 살짝 숨어
형형색색 아롱거린다

물속 만년, 물 위 만년
곳곳이 도원경인데,

숲속에서 숲을 찾는
어리석은 중생들

복사꽃 저리
만발했는데

선계는 보지도 못하고
허황된 무지개만 쫓고 있구나

여기가 바로
무릉도원인 줄도 모르고……

*중국 계림에 있는 삼만여 개의 돌산중 하나, 높지는 않지만 계림을 한눈에 내려다볼 수 있는 아름다운 산이다.

용문바위*

용이 된 문무왕이
놀다 간 자리

창포물에 머리 감고
소원 빌던 곳

죽서루, 용문바위 어우러진 그곳에
저녁노을 더하니 비경이로다

얼마나 많은 사람 다녀갔으면
용문 앞이 거울처럼 빛이 다 날까

득남, 무병장수
소원도 가지가지

오십천 깊은 물에
차곡차곡 모았다가

어느 날
굽이굽이 펼쳐 보고는

끝도 없는 욕심에
용문바위 할 말 잃었다

*죽서루 옆에 있는, 한 사람 정도 드나들 수 있는 작은 돌문. 문무왕이 용이 되어 다녀 갔다는 전설이 있음

성삼문의 지총

투덜대며 우마차 끌고 간다
역적 성삼문이란 이름 석 자 붙여놓고

무지한 백성들은 침 뱉고 돌 던지고
그분이 충신인 줄도 모른 채,

산기슭 한적한 곳에
대충 묻어둔 지총

어보를 끌어안고 통곡하던 충신을
역적으로 몰아서 삼족을 멸해놓고

시신의 일부마저
팔도에 조리돌림 하였는가

그 억울한 한恨을
이 시 속에서 다 푸노니

만고 충신 성삼문은 낙락장송 되어
논산 벌에 우뚝 솟으라!

첫눈 내린 날

첫눈 내린 그 자리에

一心이라 적었다

삐뚤삐뚤 걸어간 발자국에

옆길로 빠져버린 삶

은혜를 배신으로 갚는

등 돌린 추악한 발자국까지

깨끗하게 덮어버린

그 하얀 눈 위에

난!

一心이라 적었다

해설

노을과 달빛 사이

김동원 시인·평론가

들어가는 말

서정시는 개인이 걸어온 뒤쪽 풍경의 오솔길이다. 보름 달빛을 먹고 자란 아이는 얼마나 감성이 풍요로울까. 아침마다 산 위로 붉게 떠오르는 해를 바라본 아이는 얼마나 행복할까. 겨울 흰 눈이 지붕을 덮고, 장독대와 마당을 덮고, 온 동네를 백설의 세상으로 바꾼 풍경을 보고 자란 사람은, 얼마나 멋진 시인이 될까. 좋은 시인은 들꽃에게 말을 걸고, 그 꽃의 사연을 시 행간 속에 풀어놓을 줄 안다. 오랜 응시와 체험을 통해 자신만의 목소리로 작은 세계를 그려낸다. 서정시는 설렘의 언어다. 매화 꽃잎들이 빗물을 받아먹는 풍경이 좋은 서정시다. 파란 하늘이 그냥 좋고, 흘러가는 구름이 그냥 좋고, 저녁

노을이 산정에 물드는 것이 그냥 좋은 사람은 이미 시인이다. 서정시는 그리워하는 것들을 불러내는 작업이다. 타인의 상처를 치유하고, 까맣게 잃어버린 기억들을 복원하는 작업이 서정시다. 하여, 서정시는 두고두고 읽어도 또 보고 싶은 어머니의 품과 같은 포근함이 있다.

이번 정범효 시집 『꽃인지 나비인지』 속에는 다양한 주제의 시들로 짜여져 있다. 가야산과 황강을 배경으로 펼쳐진 선비들의 시담詩談은 격조가 높다. 언제나 그는 구체적 현실을 바탕으로 자신의 시편들을 직조한다. 부모에 대한 극진한 사랑과 향수, 어린 날 놀던 또래들과의 추억, 타향에서 겪은 외로움이 행간에 가득 적혀 있다. 그의 시가 울림과 감동이 있는 까닭은, 생명에 대한 따스한 사랑이 깔렸기 때문이다. 하여, 그의 시는 합천 고향 뒷산 뻐꾸기 울음소리가 들린다. 어린 날 춘당春堂의 지게에 올라타고, 밭두렁 논두렁 위에서 사랑가를 부르기도 한다. 자당慈堂을 모시고, 시인은 충주호 '장회나루'에 배를 띄워 '어화 둥실' 어깨춤을 춘다. 그의 시는 저녁 무렵 산사의 풍경 소리가 들리는가 하면, '영월' '장릉'을 돌며, 비운의 단종과 한恨 많은 정순왕후를 위해 곡비哭婢가 되기도 한다. 그의 시는 "동양화 한 폭 / 화선지에 그리는 듯" 애틋한 사랑의 '발묵'이 노을빛으로 번진다.

좋은 서정시가 다 그렇듯, 지나간 풍경에 대한 따스한 기억이 좋다. 세련된 감각과 묘사가 돋보이는 「면허증」은, "뒤뚱뒤뚱 / 운전이 불안한 늙은" 할머니의 심경을 고독하게 그렸다. "빨간 신호등 켜진 줄도 모르고 / 관절마다 삐걱삐걱 / 소리통 달고" 가는 늙은 할머니의 사실적 묘사는 압권이다. 어쩌면 서정시는 달빛이 달맞이꽃에게 말을 거는 속삭임인지도 모른다. 가을바람이 먼 추억을 물들이며, 고운 기억의 색실을 풀어내는 이야기인지도 모른다. 저녁밥 짓는 연기 속에 은은히 풍겨 오는 솔가지 타는 냄새가, 서정의 본질이다. 이번 정범효의 시는 시어마다 상처를 안고 들썩이는 속울음이 들리고, 정겨운 사람살이에 귀 기울이는 연민이 있다. 또한, 그의 언어는 물의 언어이자 강의 언어이다. 가야산과 황강을 중심으로 굽이도는 고향에 대한 한없는 사랑의 눈길이 있다. 하여, 정범효는 상황에 따라 시적 화자나 대상을 이미지로 변주한다. 상징과 은유를 통해 삶의 구체성을 각인시킨다. 특히, 불교 사상은 그의 시적 사유를 공空의 철학으로 끌어올린다. 시는 '낯섦'을 불러내 존재의 안쪽을 들추는 방식이다. 좋은 서정시는 시간의 지층을 공간의 언어로 뚫는다. 하여, 시의 길이 변화무쌍하듯, 이번 정범효의 시집 『꽃인지 나비인지』는, 타자의 상처를 꿰뚫어 보는 시안詩眼이 깊다.

사모곡, 혹은 사부곡

이번 정범효 시집 『꽃인지 나비인지』 속에서 가장 뭉클한 두 편의 시를 뽑으라면, 「배 띄워라」와 「사랑을 나르는 지게」가 아닐까. 전자는 민요조를 섞어 노래한 사모곡으로 부모은중경 속의 한 대목을 옮겨 놓은 듯하다. 후자는 근래 보기 힘든 사부곡을 곡진한 시로 승화시켰다. 「배 띄워라」 속의 아름답고 감동적인 타령조의 리듬은, 시인의 어머니에 대한 크나큰 은혜로 승화된다. 그의 감정이 고스란히 담긴 이 시는, 늙으신 어머니에 대한 효심이 실로 지고지순하다. 전통 서정시가 다 그렇듯, 이 시의 7·5조 변형 가락은 어깨춤이 절로 나온다. 가을 단풍으로 유명한 충주호 뱃길을 따라 펼쳐진 여행시로서, 주변 풍광과 함께 시원하게 펼쳐진다.

두둥실 장회나루 배 띄워라
충주호 맑은 물에
이 가을 단풍물 붉어 좋은
어화 둥실 배 띄워라

구순 노모 모신 기쁨
덩실덩실 어깨춤 추고 지고
구담봉 옥순봉 돌고 돌아
둥실둥실 배 띄워라

골골이 패인 주름
세월을 이긴 흔적
곱던 얼굴 변했어도
자식 키운 보람일세

가녀린 어깨에 줄줄이 자란 자식
어머님 등에 업고 춤 한번 추어보자
두둥실 배 띄우고 풍악 울려라
울 엄마 둥실둥실 어깨춤 추게

—「배 띄워라」전문

「배 띄워라」를 읊조리면, 민요 타령의 마디가 그렇듯, 척척 가락이 감긴다. 민요풍의 시는 자연과 음악의 결합체이며, 그 민족 정서를 가장 잘 함축한 예술이다. 충주호는 아름답기로 유명한 국내 최대 인공 호수다. 배의 선단에서 구경하는 월악산 가을 단풍은 기가 막힌 풍광이다. 깊은 협곡에서 불어오는 시원한 바람과 금수산, 옥순봉, 구담봉의 절벽 비경은, 푸른 호숫물과 겹쳐 선경을 이룬다. 시 「배 띄워라」는 구순 노모를 업고 산천 유람하는 아들의 모습을 통해, 이 시대 효행의 근본을 떠올리게 하는 감동적인 작품이다. 충추와 단양 간의 아름다운 130리 뱃길 호수 기행을 더없이 흥겹게 그렸다. "둥실둥실 배 띄워"서 "어머님 등에 업고 춤 한번" 추면, 효행이 만고에 빛나겠다. 세상 모든 어미가 다 그렇지만, 온갖 정성

으로 시인을 키워준 노모의 은혜는, 하늘에 닿는다. 하여, 정범효는 "골골이 팬 주름"으로 "자식"을 키워준, 그 어린 날 "엄마"를 위해 "둥실둥실" "풍악"을 울린다. 다음은 근래 보기 힘든 사부곡 「사랑을 나르는 지게」를 감상해 보자.

옛날,
우리 아버지 지게는
사랑을 나르는 지게였다

산에,
나무하러 가시면
예쁜 진달래 가득 지고
노랑나비를 함께 데리고 왔다

밭두렁 논두렁 밟고
소 몰고 일하러 가실 때에도
빈 지게에 날 태우고
두둥실 구름 속 헤매게 했다

아버지 힘든 어깨는 생각도 않고
지게 위에 올라타고선
흔들흔들
마냥 즐거워만 했던 철부지

시장에 미나리 내다 팔고

노을 무렵 집으로 돌아오실 때
늘상 지게 뒤에 꽁치 몇 마리
달랑달랑 달고 오셨다

옛날
우리 아버지 지게는
사랑을 나르는 지게였다

—「사랑을 나르는 지게」 전문

정범효의 수작 「사랑을 나르는 지게」를 읽으면, 왜 서정시가 사람들에게 오래도록 사랑을 받는지 알 것만 같다. 부자유친의 정情이 이렇게도 곡진하게 승화된 시가 있었던가. "옛날, / 우리 아버지 지게는 / 사랑을 나르는 지게였다". 소박한 시의 맛이 아비의 등짝처럼 따스하게 전해 온다. 좋은 서정시는 읽으면 읽을수록 뭔가 자꾸 떠올리게 한다. 아무것도 아닌 풍경과 정경일지라도, 시 속에서는 아름답고 고운 기억으로 감각된다. 늘 가족의 그늘에서 말없이 희생하는 아버지에 대한 시는 흔치 않다. 더구나 "산에, / 나무하러" 가 "예쁜 진달래"를 한 아름 "가득 지고" 집으로 돌아오는 아비는, 만萬에 한 명일 것이다. 3연은 시가 참 밝고 맑다. "밭두렁 논두렁 밟고 / 소 몰고 일하러" 가면서, "빈 지게에" 어린 아들을 "태우고" 가는 아버지의 모습은 숭고하다. 좋은 부모를 만나는 것도, 사랑스러운 자식을 두는 것도 천복이다. 정범효는 「사랑을 나르는 지게」를 통해, "노을" 파장 무렵 "지게 뒤에 꽁치 몇 마리 / 달랑달랑 달고" 오는, 흑백 시대의 귀한 아버지의 모습을 뭉클하게 그려 내었다.

함벽루涵碧樓에 서서

연전에 정범효 시인의 안내로 몇몇 시인과 함께 함벽루에 오른 적이 있다. 덕유산 가야산 물줄기가 황강에서 만나 장관을 이뤘다. 합천 8경 중 제5경인 함벽루는 고려 충숙왕 8년(1321년)에 합주 지군 김 모金某가 창건하였으며, 수차례에 걸쳐 중건하였다. 취적봉 기슭에 위치하여, 황강 정양호를 바라보는 수려한 풍경은 시인 묵객들의 풍류의 장소로 손색이 없다. 교은 정이오(1347~1434), 퇴계 이황(1502~1571), 남명 조식(1501~1572), 우암 송시열(1607~1689) 등의 글이 누각 내부 현판에 걸려 있고, 뒤쪽 암벽에 각자한 '함벽루涵碧樓'는 송시열의 웅혼한 글씨다. 함벽루는 정면 3칸, 측면 2칸, 2층 누각, 5량 구조이며, 팔작지붕 목조와 가로 누각 처마의 물이 황강에 떨어지는 배치로 운치가 있다.

정 시인의 21대조가 교은 정이오(조선 예문관 대제학 지냄) 선생이다. 그는 함벽루에 서서, 가문의 내력과 할아버지 시문에 대해 격조 높게 풀어주었다. 교은은 젊어서는 목은 이색

(1328~1396), 포은 정몽주(1337~1392)와 교유하였고, 사후에는 영의정에 추증되었으니, 그의 시문이 얼마나 뛰어났는지 알 것도 같다. 훗날, 후손 정범효가 「함벽루」란 시를 노래할 줄, 교은 선생은 하늘 위에서 짐작이나 했을까.

연호사 물그림자
강물 위에 어리고

황우산 휘감는 성긴 풍경 소리
은은하게 들려오면

푸르름 젖어 드는 함벽루엔
시인 묵객이 흥을 더한다

원찰 옆에 두고 음주 가무야 되겠냐만
서산 물드는 노을의 유혹엔 어쩔 수 없었으리

촉석루도, 영남루도 없던 그 시절
영남 제일경 함벽루!

이황, 남명, 송시열, 교은
일필휘지하던 달빛 취한 누각

비 온 뒤 처마 낙수 강에 떨어지는 그 비경
쪽배 타고 노니는 듯 황홀하여라

오호, 어찌 그 밤 시 한 수
없었겠는가!

—「함벽루」 전문

함벽루 초입엔 특이하게도 '연호사'란 사찰이 있다. 유불의 세계가 혼융되어 황강과 함께 절묘를 이룬다. 절벽에 올라 황강을 바라보니, 산이 물을 품고, 물이 사람을 품어, 한 편의 명시가 되었다. 정범효의 「함벽루」는 서정과 서경이 적절한 여백을 이룬다. 시의 풍류가 있는가 하면, 묵객이 "취한 누각"에 "일필휘지"하는 "달빛"이 교교皎皎하다. 좋은 시는 유형을 언어로 부려, 무형을 불러들인다. 그는 "노을" 무렵, 함벽루에서 바라보는 황강 붉은 물빛과 "비 온 뒤 처마 낙수 강에 떨어지는 그 비경"을 으뜸으로 쳤다. 이런 절경을 조선의 선비들이 놓쳤을 리 없다. 하여, "오호, 어찌 그 밤 시 한 수 / 없었겠는가!". 함벽루는 조선의 삼대 누각 '평양 부벽루, 진주 촉석루, 밀양 영남루'보다 훨씬 앞섰다니, 합천인은 긍지를 가질 만도 하다.

통째로 시를 외우다

언어는 시의 길 위에서 깊어진다. 봄꽃의 자태도 곱지만, 황혼의 산책은 더욱 아름답다. 시는 개인의 상황에 따라, 주체나 객체에 따라 달리 표현된다. 시의 표정은 매 순간 메시지로 드러나고 이미지로 확장된다. 시는 인간의 고락苦樂과 추억의 은유를 통해 빛난다. 시는 현실의 투영이자 오감의 발원이다. 시는 사물의 실존을 통해 늙음을 객관화한다. 다양한 땅의 말을 불변의 언어 속에 가둔다. 천지 만물은 길에서 태어나 길 위에서 죽는다. 시의 첫 행이 청춘이라면, 마지막 시구는 독거獨居이다. 시는 때로는 형이상학으로, 때로는 형이하학으로 전이된다. 절박한 고독은 시의 늑골을 찌른다. 하여 시는, 길 위에서 자신의 욕망을 반추하는 거울로 비유된다.

이번 정범효의 시집 『꽃인지 나비인지』 속의 중요한 또 다른 주제는 '늙음'에 대한 깊은 사색이다. 그는 공직 생활을 마치고 인생 2막을 설계하면서, 그 옛날 이루지 못한 문청의 꿈에 도전한다. 기타와 시작詩作을 병행하며, 예술의 다채로운 세계에 흠뻑 취한다. 시 공부를 하면서 그가 다짐한 일은, 하루에 한 편씩 좋은 시를 필사하는 일이다. 그리고 틈만 나면 시를 통째로 외운다. 어느 날 불현듯, 가슴속에 묻어두었던 기억의 서랍이 열리기 시작하였다. 일상 속에 시가 무진장하다는 사실에 깜짝 놀랐다. 시 역시 음악의 선율처럼 자연스럽게 따라가는 것이 중요함을 알았다. 그러던 중, 우연히 투고한 제1회 〈오륙도신문 신춘문예〉 당선(2022년)은, 그의 시 세계를 근본적으로 바꾸어 놓았다.

가르마 고랑 사이
할미꽃 핀 하얀 할머니
톡, 톡, 톡, 세 발 자동차를 몬다

뒤뚱뒤뚱
운전이 불안한 늙은 몸
힘겹게 노란 선 물고 간다

병아리 물 먹듯 하늘 한 번 쳐다보고
등 세 번 두드리곤
또, 끌고 간다

빨간 신호등 켜진 줄도 모르고
관절마다 삐걱삐걱
소리통 달고 간다

새끼들 집집마다
태워주느라
몸체는 낡아 등골은 흔들리는데,

앉을 때도 일어설 때도,
'아야야'
시동 꺼지는 소리 절로 따라 나온다

비 예보라면
고기압도 저기압도 다 겪은,

오보 한 번 없는 할머니

평생 몰고 다닌 대가로,
폐차 직전 달랑,
일기 예보 면허증 하나 땄다

—「면허증」전문

「면허증」은 제1회 '오륙도신춘문예' 당선작이다. 고령화 사회의 고독한 인간상을 감동적으로 그려낸 작품이다. 늙은 할머니의 백발을 고랑마다 핀 "할미꽃"으로 은유한 시법은 적확하다. 또한 지팡이를 쥔 늙은 몸을 "세 발 자동차"로 비유한 이미지는 절묘하다. "몸은 시대마다 다르게 읽힌다. 몸은 시대의 프리즘이다. 누가, 어떤 시선으로 비추는가에 따라, 변화한다. 몸은 유리이고, 거울이고, 무성한 숲이다. 그러나 현실 속의 몸은 파편이고, 대상이고, 간혹 주체이다. 몸은 거듭난다. 새롭게 해석된다."(금은돌) 시는 시인의 상상력과 언어를 통해 새롭게 해석된 공간으로서 존재한다. 노인의 몸을 자동차로, 현대 사회의 불안한 늙음의 경고를 "노란 선"으로 묘사한 것 또한 예리하다. 속도와 자본의 시대는 삶도, 죽음도, 간단치가 않다. 하여, 노인들은 날마다 "빨간 신호등"앞에서 '어떻게 잘 죽을 것인가'를 자문自問하게 된다. "새끼들"을 키우느라 "등골이 흔들려도", 늙은 몸 "시동 꺼지는 소리"

가 절로 나도, 고독하게 살다 가는 것이 인간의 숙명이다. 정범효의 「면허증」은, 나날이 천박淺薄해져 가는 사람살이의 마지막 죽음 풍경을 쓸쓸하게 그렸다. 폐차 직전인 늙은 몸을 "일기 예보 면허증"이란 시적 발상으로 함축한 시법은, 실로 놀라운 형상화이다.

곡비哭婢

이번 정범효의 시집 『꽃인지 나비인지』 속에는, 시인의 역사 인식을 엿볼 수 있는 작품이 여럿 있다. 그중에서 「망향탑」은 가장 빼어난 작품이다. 어쩌면 시인은 타인의 한恨을 풀어주는 곡비인지도 모른다. 이 시는 조선 제6대 왕 단종(재위 1452~1455)을 주제로 쓴 비극적인 시다. 단종의 비妃는 돈령부판사敦寧府判事 송현수宋玹壽의 딸인 정순 왕후定順王后이다. 조선 4대 세종대왕(1418~1450)의 맏손자가 단종이다. 큰아들 문종의 병약함은 늘 세종을 근심하게 하였다. 하여, 붕어하기 전 대신들에게 장차 왕이 될 단종을 특별히 부탁한다. 「망향탑」은 단종의 유배지 청령포를 둘러보고, 그 감회에 젖어 썼다.

청령포 높은 절벽
이끼 쌓인 돌탑 하나

한양을 바라보고 외롭게 서 있다

굽이굽이 천 리 먼 구중궁궐
고운 임 남겨두고
치솟은 기암절벽 굽이치는 동강에 갇혀

두견새 벗 삼고 관음송 놀이터 삼아
긴긴 하루 외로움 달래려
하나, 둘 올려놓은 돌조각들

그리움 하나, 원망 둘
한숨 셋 올려놓고
눈물 대신 텅 빈 하늘 쳐다보며

해 지는 저쪽 어디, 보고픈 이 그렸으리
유배당한 몸 갈 수 없는 길
돌탑 쌓으며 한恨을 삭였으리

정순 왕후 흘린 눈물 한강이 되고
단종이 흘린 핏물 동강 되어
바다에서 다시 만나 뜨거운 포옹 나누었으리

—「망향탑」 전문

우선, 이 시를 이해하기 위해선 다음의 역사적 사건 전모를 살필 필요가 있다. 단종은 1452년 문종의 뒤를 이어 왕위王位

에 올랐다. 그전에 문종은 자신이 병약하고 세자가 나이(11세) 어린 것을 염려하여 황보 인皇甫仁·김종서金宗瑞 등에게 세자가 즉위하여 왕이 되었을 때의 보필을 부탁하였다. 그런데 1453년 그를 보필하던 그들이 숙부인 수양대군首陽大君에 의해 제거당하자 수양대군이 군국君國의 모든 권력을 장악하였으며, 단종은 단지 이름뿐인 왕이 되었다. 1455년 단종을 보필하는 중신重臣을 제거하는 데 앞장섰던 한명회韓明澮·권람權擥 등이 강요하여, 단종은 수양대군에게 왕위를 물려주고 상왕上王이 되었다. 1456년 성삼문·박팽년·하위지河緯地·이개李塏·유응부兪應孚·유성원柳誠源 등이 단종의 복위復位를 도모하다가 발각되어 모두 처형된 후, 1457년 상왕에서 노산군魯山君으로 강봉降封되어 강원도 영월寧越에 유배되었다. 그런데 수양대군의 동생이며 노산군의 숙부인 금성대군錦城大君이 다시 경상도의 순흥順興에서 복위를 도모하다가 발각되어 사사賜死되자, 노산군에서 다시 강등이 되어 서인庶人이 되었으며, 끈질기게 자살을 강요당하였다. 1457년(세조 3) 실록에 따르면 10월 24일 왕방연이 사약을 가지고 영월에 도착하자 단종은 목을 매 자진自盡했다고 되어 있다. 사후의 처리도 비참했다. 야사에 따르면 시신이 청령포淸泠浦 물속에 떠 있는 것을 호장戶長 엄흥도嚴興道가 몰래 수습해 현재 장릉莊陵 자리에 안장했다고 한다. 단종 나이 17세였다. 정범효의 「망향탑」은 역사 시가 갖춰야

할 사실성을 넘어, 화자의 감정이 오롯이 이입되어 감동의 깊이를 증폭시킨다. "청령포 높은 절벽" 안에 갇혀 "그리움 하나, 원망 하나" 돌탑을 쌓으며 사랑하는 비妃, 정순왕후를 그리는 소년 단종의 모습은 애틋하다.

나가면서

시는 시인의 상상력과 언어를 통해 새롭게 해석된 공간이다. 그 시적 공간은 사실의 세계가 아니라 진실의 세계에 속한다. 시는 침묵하는 사물 너머에 존재하는 경계의 말이자, 미처 보지 못한 것들의 구체화된 이미지이다. 시인은 대상을 통해 현실을 재구성하거나 굴절시킨다. 하여, 사물의 언어와 시인의 언어는 같거나 다르다. 각자의 몸을 통해 우주의 방식을 해석하는 시법詩法이 다르기 때문이다. 이번 정범효의 시집 『꽃인지 나비인지』 속에는, 미처 다 살피지 못한 시들로 빼곡하다. 시 「그는 웃고 있었다」는, 시한부 친구의 심중을 쓸쓸하고 담담하게 그렸다. 이 시는 인생이 왜 고해苦海인지 깊게 내면화하였다. 삶과 죽음은 한통속으로 난해하다. 사람답게 사는 것도 호락호락하지 않지만, 사람답게 죽는 것도 간단치 않다. 병이 없는 사람도, 병이 있는 사람도, 죽음의 그늘에서 자유로울 수 없다. 인간의 실존은 그 자체가 불안정하다. 정범효는 쇄락한 친구의 근황을 통해, '인간은 어디에서 와서 어디로 가는가'란 근본적인 질문을 던지고 있다.

정범효의 「지팡이」는, 현대 사회에서 빈번하게 볼 수 있는 치매 초기의 문제를 다룬 역작이다. 하나둘 허물어져 가는 기억을 인식하는 노인은 서럽다. 어쩌면, 버스 승강장 의자에 앉아 울고 있는 할아버지야말로, 인간 존재의 근원적 외로움을 불러일으킨다. 어제까지 함께한 사랑하는 가족과 친구들이 생각나지 않는다는 것은, 분명 비극이다. 이 시에서 '지팡이'는 고독한 시적 소재이자 절박한 생의 오브제이다. "어둠이 오는 그 붉은 노을빛을 하염없이 바라"보는 시적 화자는, 이 시대의 우리들의 자화상이다. "조금 더 빨리 깨치지 못한 채 / 욕심 부리고 성내며 어리석게만 살아"온 인간을 은유한다. 시 「경주 남산」은, "감실 부처"를 통해 삶의 무상함을 격조 높게 새겨놓았다. 한편, 「내가 걷는 이 길 끝에는」에선, 평생 "몸 고생 마음고생"시킨 아내에 대한 헌시가 감동적으로 그려져 있다. 시인이 가는 "길 끝에" "당신"이 있다는, 그의 말은 뭉클하다. 끝으로 이번 시집 제목이기도 한 멋진 수작 「꽃인지 나비인지」를 감상하며 마칠까 한다.

노랑나비 한 마리
봄 허공 스치듯 날아갑니다

말없이 한참을
따라갔더니,

노오란 양지꽃에 앉아
나풀나풀 손짓합니다

오라는지, 가라는지
아지랑이랑 한참을 지켜봅니다

나비도 양지꽃도
무슨 말을 속삭이는지

어깨 들썩이며
키득키득 웃기만 합니다

꽃인지
나비인지

나도 따라
키득키득 웃어봅니다

—「꽃인지 나비인지」 전문

어쩌면 시는 허공에 "나비"가 집을 짓는 일인지도 모른다. 그 나비를 따라가 본 곳에 핀 "노오란 양지꽃"인지도 모른다. 얼핏 들었지만 기억나지 않는 신비스런 소리가 시의 바깥이라면, "나비"가 "양지꽃"에게 속삭이는 그 봄빛 속의 "아지랑이"는, 시의 안쪽이다. 하여, 정범효는 알 듯 말 듯한 시의 말을 따라가다, 혼자 "키득키득 웃"고 만다. 시는 평생 별빛을 먹는 일이자, 달빛을 안고 살아가는 일이다. 어쩌면 인간이 가지고 노는 기억의 언어 놀이는 허상인지도 모른다. 사람살이의 곡절은 표면에 드러난 모습보다, 이면에 감춰진 그늘이 더 시적이다. 정범효는 이번 시집 『꽃인지 나비인지』에서, 될수록 외롭고 쓸쓸한 것들을 혼자 내버려 두지 않으려고 애쓴다. 눈물의 들썩임은 고향 바람에게 숨기고, 긴 한숨은 달빛 강가에서 내쉰다. 수년간 많은 시詩의 집을 지었다 부순 내공은, 어머니에 대한 효심으로 깊게 고랑져 있다. 물론 그도 밤새워 시의 금싸라기를 주을 때엔 좋아서 뛰었을 것이다. 행간 속에서 길을 잃고 헤맬 때엔 종일 우울하기도 했을 것이다. 시인이 된다는 것은, 아무리 어설퍼도 제집을 가질 때, 온전히 빛나는 법이다. 하여, 정범효는 '노을과 달빛 사이', 그 고운 시의 얼굴을 채색한 시인으로 규정된다.

정범효 시집

꽃인지 나비인지

초판 1쇄 발행 2023년 4월 25일

지은이 정범효
펴낸이 이은재
펴낸곳 도서출판 그루

출판등록 1983. 3. 26(제1-61호)
42452 대구광역시 남구 큰골 3길 30
TEL 053-253-7872 / FAX 053-257-7884
E-mail / guroo@guroo.co.kr

값10,000원
ISBN 978-89-8069-484-6